Impressum
Verlag: BABADADA GmbH, Nedderfeld 112 , 22529 Hamburg
Geschäftsführer / Verlagsleitung: Harald Hof
Druck: Books on Demand GmbH, In de Tarpen 42, 22848 Norderstedt

Imprint
Publisher: BABADADA GmbH, Nedderfeld 112 , 22529 Hamburg, Germany
Managing Director / Publishing direction: Harald Hof
Print: Books on Demand GmbH, In de Tarpen 42, 22848 Norderstedt, Germany

škola
škola

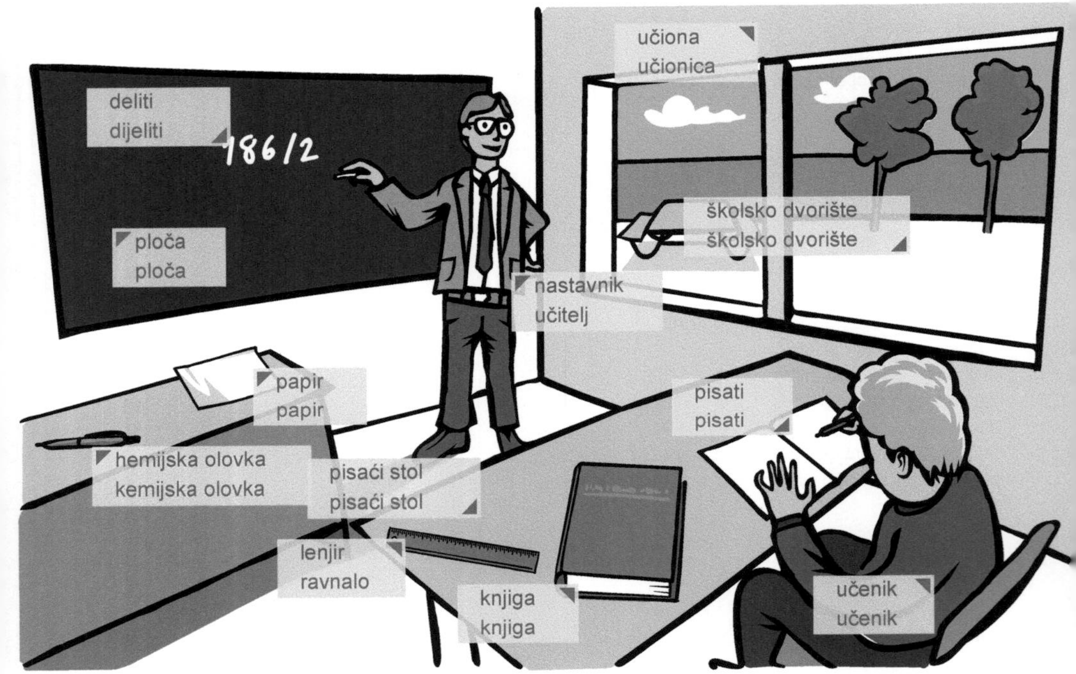
učiona
učionica
deliti
dijeliti
186/2
ploča
ploča
školsko dvorište
školsko dvorište
nastavnik
učitelj
papir
papir
pisati
pisati
hemijska olovka
kemijska olovka
pisaći stol
pisaći stol
lenjir
ravnalo
knjiga
knjiga
učenik
učenik

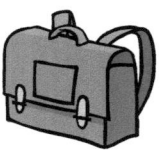

torba
torba

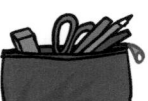

pernica
pernica

grafitna olovka
grafitna olovka

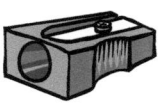

šiljilo za olovke
šiljilo za olovke

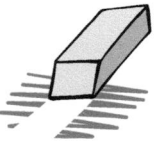

gumica za brisanje
gumica za brisanje

blok za crtanje
blok za crtanje

crtež

crtež

kist

kist

kutija sa bojama

kutija s bojama

makaze

makaze

lepilo

ljepilo

beležnica

bilježnica

domaći zadatak

domaći zadatak

broj

broj

sabirati

sabirati

oduzimati

oduzimati

množiti

množiti

računati

računati

slovo

slovo

abeceda

abeceda

hello

reč

riječ

tekst

tekst

čitati

čitati

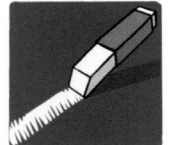

kreda

kreda

čas

sat

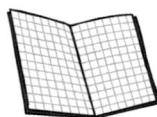

dnevnik

dnevnik

ispit

ispit

svedočanstvo

svjedodžba

školska uniforma

školska uniforma

obrazovanje

obrazovanje

leksikon

leksikon

univerzitet

sveučilište

mikroskop

mikroskop

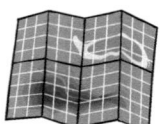

karta

karta

košara za papir

košara za papir

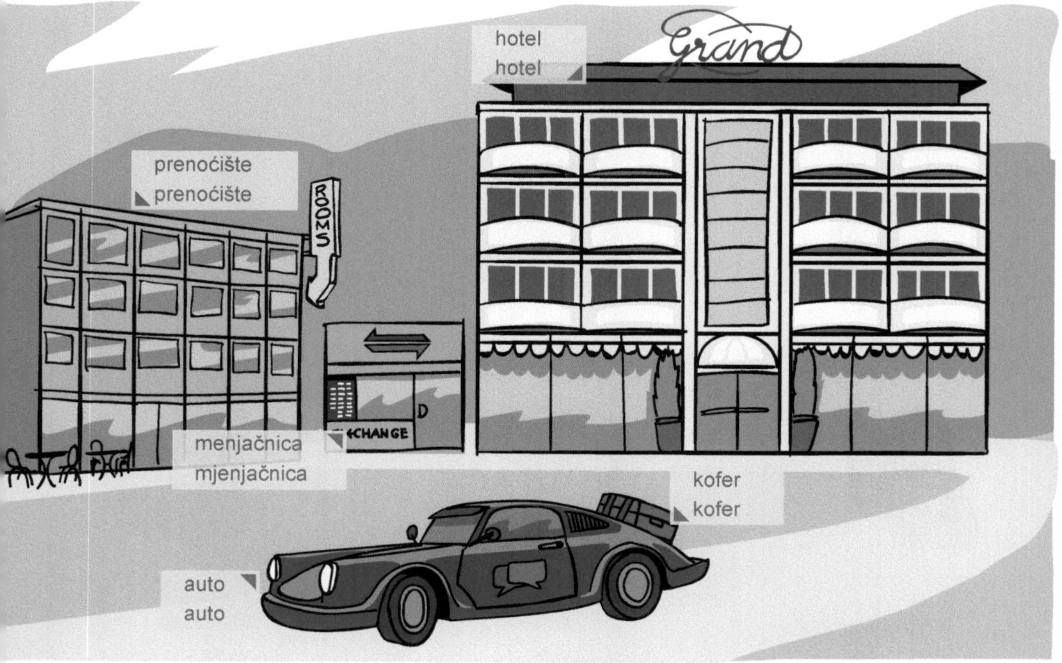
hotel
hotel
Grand
prenoćište
prenoćište
ROOMS
EXCHANGE
menjačnica
mjenjačnica
kofer
kofer
auto
auto

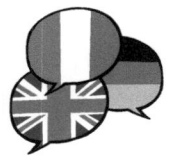

jezik
jezik

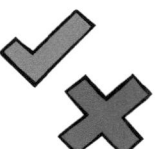

da / ne
da / ne

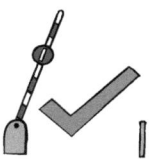

okej
okay

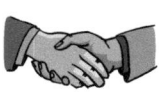

zdravo
zdravo

prevodilac
prevoditelj

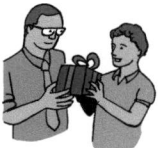

hvala
hvala

Koliko košta...?
Koliko košta...?

ne razumem
ne razumijem

problem
problem

dobro veče!
dobro veče!

Dobro jutro!
Dobro jutro!

Laku noć!
Laku noć!

doviđenja
doviđenja

smer
smjer

prtljaga
prtljaga

torba
torba

ruksak
ruksak

gost
gost

soba
soba

vreća za spavanje
vreća za spavanje

šator
šator

turističke informacije

turističke informacije

plaža

plaža

kreditna kartica

kreditna kartica

doručak

doručak

ručak

ručak

večera

večera

karta za vožnju

karta za vožnju

lift

dizalo

poštanska markica

poštanska markica

granica

granica

carina

carina

ambasada

ambasada

viza

viza

pasoš

putovnica

transport
transport

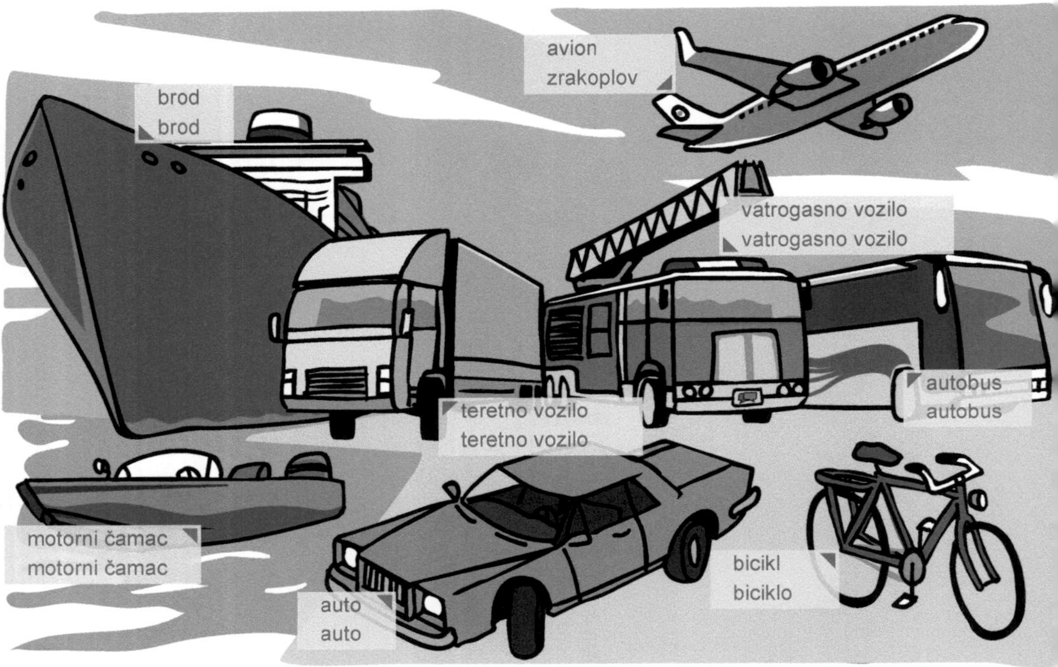
avion
zrakoplov
brod
brod
vatrogasno vozilo
vatrogasno vozilo
autobus
autobus
teretno vozilo
teretno vozilo
motorni čamac
motorni čamac
bicikl
biciklo
auto
auto

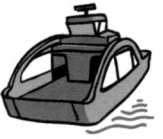

trajekt

trajekt

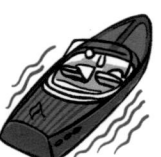

čamac

čamac

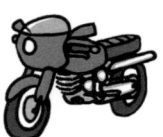

motocikl

motocikl

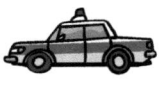

policijski auto

policijski auto

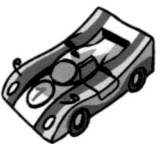

trkaći auto

trkaći auto

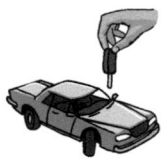

iznajmljeno auto

iznajmljeno auto

delenje automobila

dijeljenje automobila

vučno vozilo

vučno vozilo

vozilo za odvoz smeća

vozilo za odvoz smeća

motor

motor

benzin

benzin

benzinska stanica

benzinska postaja

saobraćajni znak

prometni znak

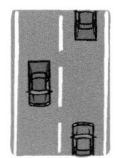

saobraćaj

promet

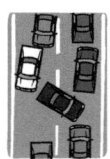

zastoj

zastoj

parkiralište

parkiralište

železnička stanica

kolodvor

šine

šine

voz

vlak

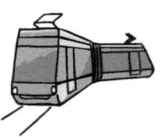

tramvaj

tramvaj

vagon

vagon

helikopter
helikopter

aerodrom
zrakoplovna luka

kula
toranj

putnik
putnik

kontejner
kontejner

karton
karton

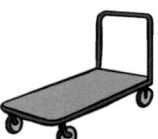

kolica
kolica

korpa
košara

uzleteti / sleteti
uzletjeti / sletjeti

grad
grad

selo
selo

centar grada
centar grada

kuća
kuća

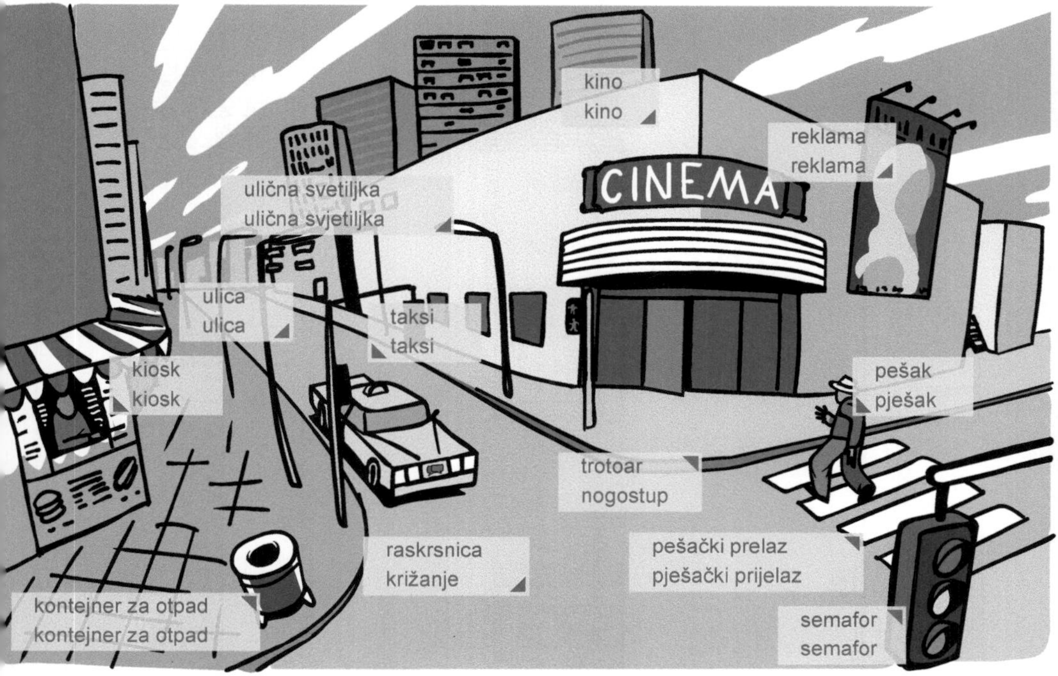
kino
kino
reklama
reklama
CINEMA
ulična svetiljka
ulična svjetiljka
ulica
ulica
taksi
taksi
kiosk
kiosk
pešak
pješak
trotoar
nogostup
raskrsnica
križanje
pešački prelaz
pješački prijelaz
kontejner za otpad
kontejner za otpad
semafor
semafor

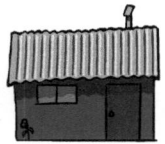

koliba

koliba

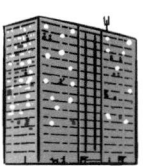

stan

stan

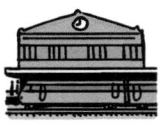

železnička stanica

kolodvor

većnica

vijećnica

MUSEUM

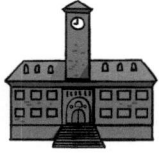

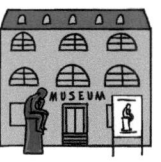

muzej

muzej

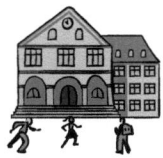

škola

škola

univerzitet

sveučilište

banka

banka

bolnica

bolnica

hotel

hotel

apoteka

ljekarna

kancelarija

ured

knjižara

knjižara

prodavnica

prodavaonica

cvećara

cvjećara

supermarket

supermarket

trg

trg

robna kuća

robna kuća

ribarnica

ribarnica

trgovački centar

trgovački centar

luka

luka

park
park

klupa
klupa

most
most

stepenice
stepenice

podzemna željeznica
podzemna željeznica

tunel
tunel

autobuska stanica
autobusna stanica

bar
bar

restoran
restoran

poštansko sanduče
poštansko sanduče

ulični znak
ulični znak

parkirni automat
parkirni sat

zoološki vrt
zoološki vrt

bazen
bazen

džamija
džamija

seosko gazdinstvo
seosko gazdinstvo

zagađenje okoline
zagađenje okoliša

groblje
groblje

crkva
crkva

igralište
igralište

hram
hram

pejsaž
krajolik

list
list

putokaz
putokaz

put
put

livada
livada

kamen
kamen

drvo
drvo

šetač
šetač

reka
rijeka

trava
trava

cvijet
cvijet

dolina

dolina

planina

planina

jezero

jezero

šuma

šuma

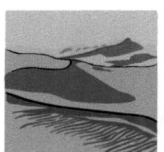

pustinja

pustinja

vulkan

vulkan

dvorac

dvorac

duga

duga

gljiva

gljiva

palma

palma

moskito

moskito

muva

muha

mrav

mrav

pčela

pčela

pauk

pauk

buba

buba

žaba

žaba

veverica

vjeverica

jež

jež

zec

zec

sova

sova

ptica

ptica

labud

labud

divlja svinja

divlja svinja

jelen

jelen

los

los

nasip

nasip

vetrenjača

vjetrenjača

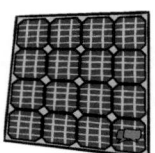

solarna ploča

solarna ploča

klima

klima

restoran
restoran

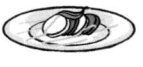

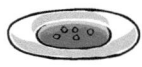

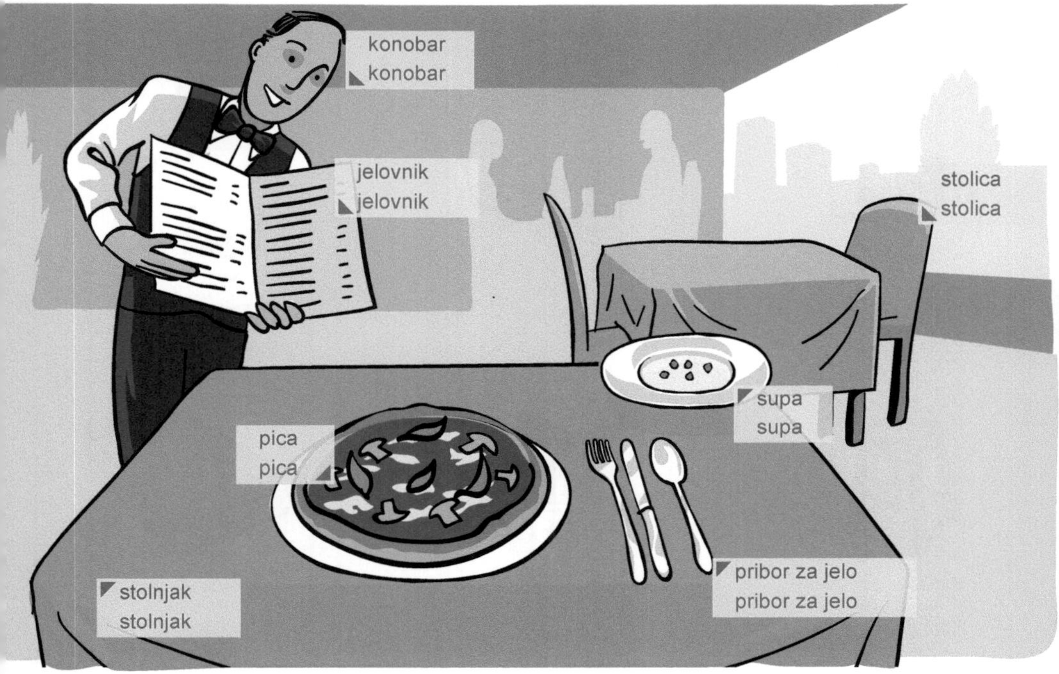
konobar
konobar
jelovnik
jelovnik
stolica
stolica
supa
supa
pica
pica
pribor za jelo
pribor za jelo
stolnjak
stolnjak

predjelo

predjelo

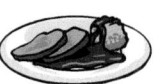

glavno jelo

glavno jelo

desert

desert

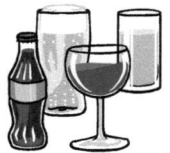

napitci

napitci

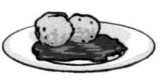

jelo

jelo

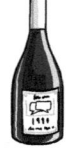

flaša

boca

brza hrana
....
fastfood

imbis hrana
....
imbis hrana

čajnik
....
čajnik

doza za šećer
....
doza za šećer

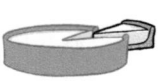

porcija
....
porcija

aparat za espresso
....
aparat za espresso

visoka stolica
....
visoka stolica

račun
....
račun

poslužavnik
....
pladanj

nož
....
nož

viljuška
....
vilica

kašika
....
žlica

čajna kašika
....
čajna žlica

salveta
....
ubrus

čaša
....
čaša

tanjir

tanjur

tanjir za supu

tanjur za supu

tanjirić

tanjurić

sos

sos

soljenka

soljenka

mlin za biber

mlin za biber

sirće

ocat

ulje

ulje

začini

začini

kečap

kečap

senf

senf

majoneza

majoneza

supermarket
supermarket

ponuda
ponuda
FOR
kupac
kupac
mlečni proizvodi
mliječni proizvodi
voće
voće
kolica za kupovinu
kolica za kupnju

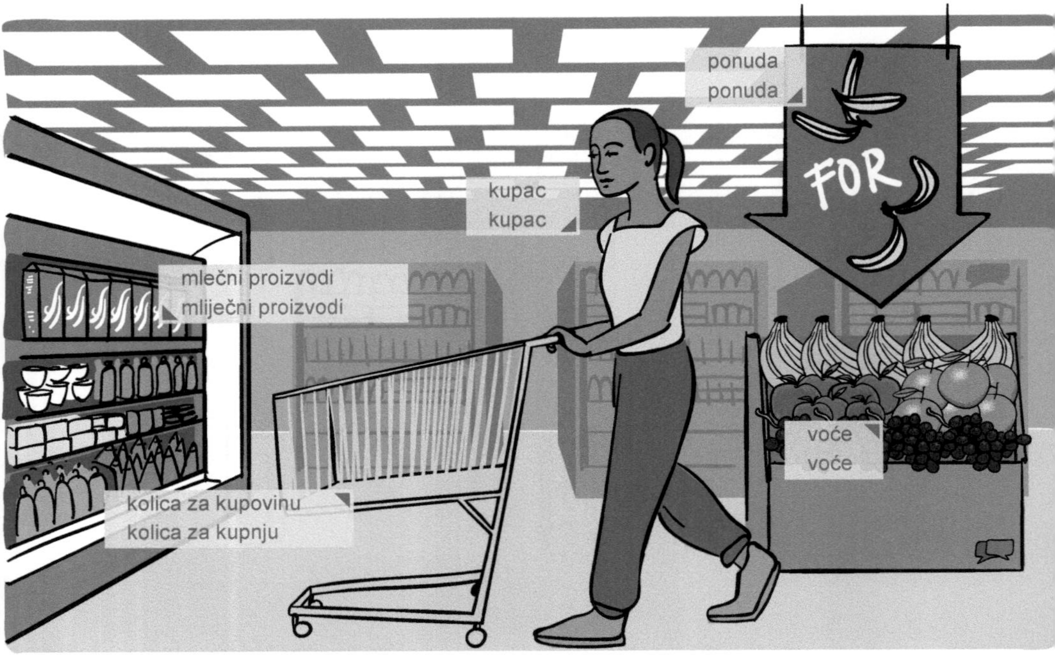

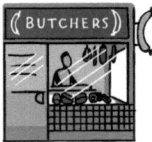

BUTCHERS

mesnica

mesnica

BAKERY

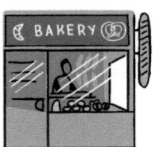

pekara

pekarnica

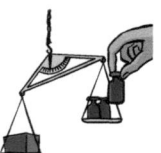

vagati

vagati

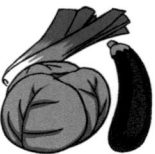

povrće

povrće

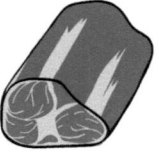

meso

meso

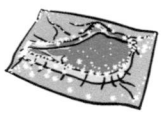

smrznuta hrana

duboko smrznuta hrana

narezak

narezak

konzerve

konzerve

sredstvo za pranje

sredstvo za pranje

slatkiši

slatkiši

artikli za domaćinstvo

artikli za domaćinstvo

sredstva za čišćenje

sredstva za čišćenje

prodavačica

prodavačica

blagajna

blagajna

blagajnik

blagajnik

lista za kupovinu

lista za kupnju

vreme rada

vrijeme rada

novčanik

novčanik

kreditna kartica

kreditna kartica

torba

torba

plastična kesa

plastična vrećica

voda

voda

sok

sok

mleko

mlijeko

kola

cola

vino

vino

pivo

pivo

alkohol

alkohol

kakao

kakao

čaj

čaj

kava

kava

espresso

espresso

cappuccino

cappuccino

banana

banana

jabuka

jabuka

narandža

naranča

lubenica

lubenica

limun

limun

šargarepa

mrkva

beli luk

češnjak

bambus

bambus

luk

luk

gljiva

gljiva

orašasti plodovi

orašasti plodovi

rezanci

rezanci

špagete

špagete

riža

riža

salata

salata

pomfrit

pomfrit

pečeni krumpir

pečeni krumpir

pica

pica

hamburger

hamburger

sendvič

sendvič

šnicla

šnicla

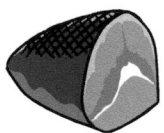

šunka

pršut

salama

salama

kobasica

kobasica

kokoš

kokoš

pečenje

pečenje

riba

riba

zobene pahuljice

zobene pahuljice

musli

musli

kukuruzne pahuljice

kukuruzne pahuljice

brašno

brašno

kroasan

roščić

pecivo

pecivo

hleb

kruh

toast

toast

keksi

keksi

maslac

maslac

sveži sir

svježi sir

kolač

kolač

jaje

jaje

jaje na oko

jaje na oko

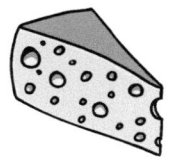

sir

sir

sladoled
sladoled

šećer
šećer

med
med

marmelada
marmelada

nugat krema
nugat krema

kari
curry

seosko gazdinstvo
seosko gazdinstvo

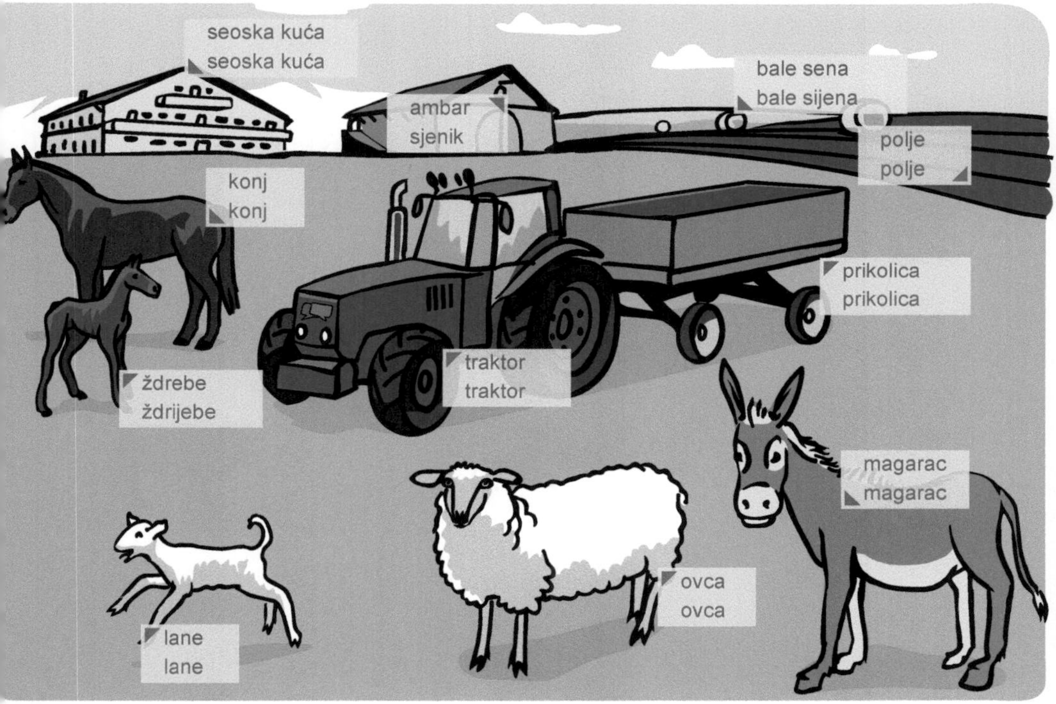
seoska kuća
seoska kuća
ambar
sjenik
bale sena
bale sijena
polje
polje
konj
konj
prikolica
prikolica
traktor
traktor
ždrebe
ždrijebe
magarac
magarac
ovca
ovca
lane
lane

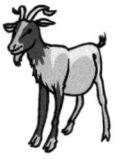

koza

koza

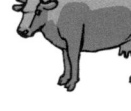

krava

krava

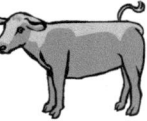

tele

tele

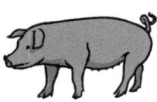

svinja

svinja

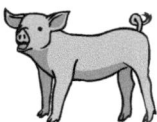

prase

prase

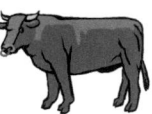

bik

bik

guska
guska

patka
patka

pilići
pilići

kokoš
kokoš

petao
pijetao

pacov
pacov

mačka
mačka

miš
miš

vol
vol

pas
pas

kućica za psa
kućica za psa

vrtno crevo
vrtno crijevo

kanta za polivanje
kanta za polijevanje

kosa
kosa

plug
plug

srp
srp

motika
motika

viljuška za đubrivo
vilica za gnojivo

sekira
sjekira

tačke
tačke

korito
korito

posuda za mleko
posuda za mlijeko

vreća
vreća

ograda
ograda

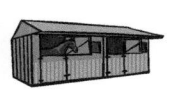

štala
štala

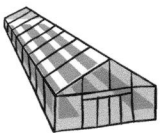

staklenik
staklenik

zemlja
zemlja

seme
sjeme

đubrivo
gnojivo

kombajn
kombajn

žeti
....
žanjati

žetva
....
žetva

jams začin
....
yams začin

pšenica
....
pšenica

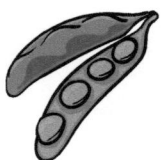

soja
....
soja

krumpir
....
krumpir

kukuruz
....
kukuruz

uljana repica
....
uljana repica

voćka
....
voćka

gomolj manioke
....
gomolj manioke

žitarice
....
žitarice

kuća
kuća

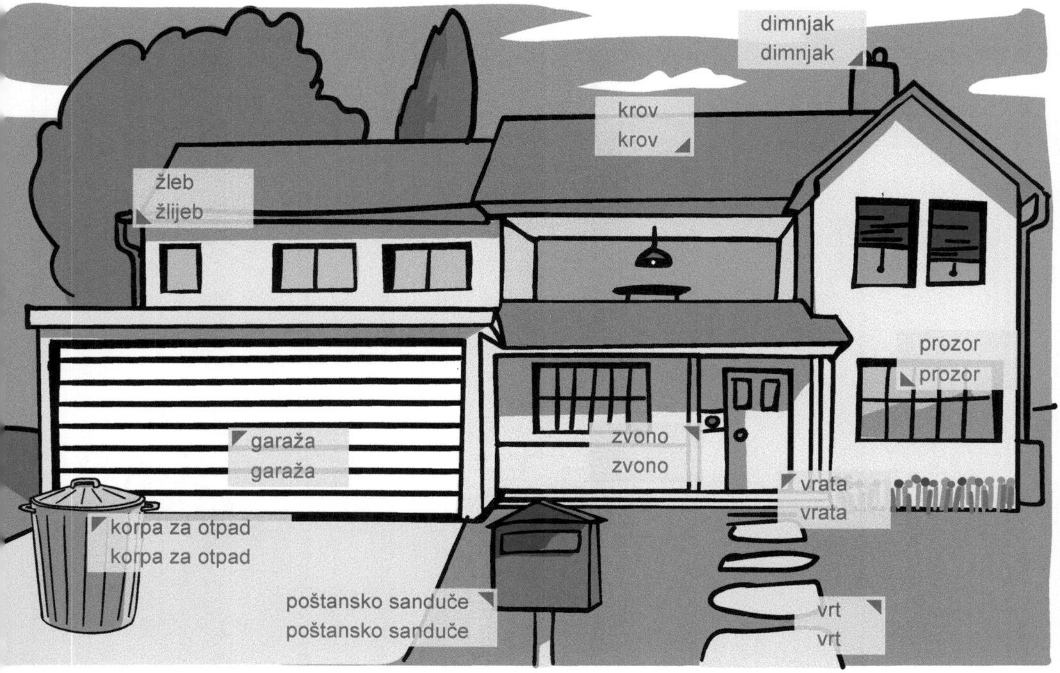
dimnjak
dimnjak
krov
krov
žleb
žlijeb
prozor
prozor
garaža
garaža
zvono
zvono
vrata
vrata
korpa za otpad
korpa za otpad
poštansko sanduče
poštansko sanduče
vrt
vrt

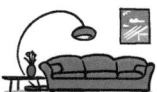

dnevna soba
dnevna soba

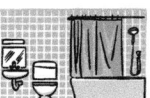

kupaonica
kupaonica

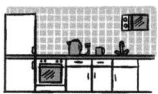

kuhinja
kuhinja

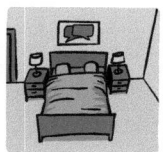

spavaća soba
spavaća soba

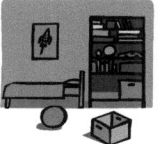

dečija soba
dječija soba

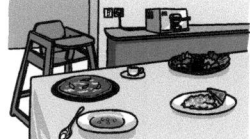

trpezarija
trpezarija

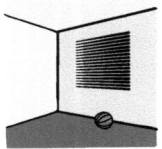

pod

pod

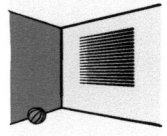

zid

zid

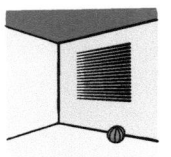

strop

strop

podrum

podrum

sauna

sauna

balkon

balkon

terasa

terasa

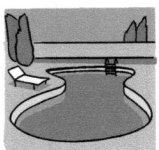

bazen

bazen

kosilica za travu

kosilica za travu

posteljina za krevet

posteljina za krevet

deka za krevet

deka za krevet

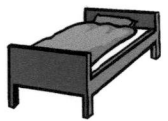

krevet

krevet

metla

metla

kanta

kanta

prekidač

sklopka

kuća - kuća

dnevna soba

dnevna soba

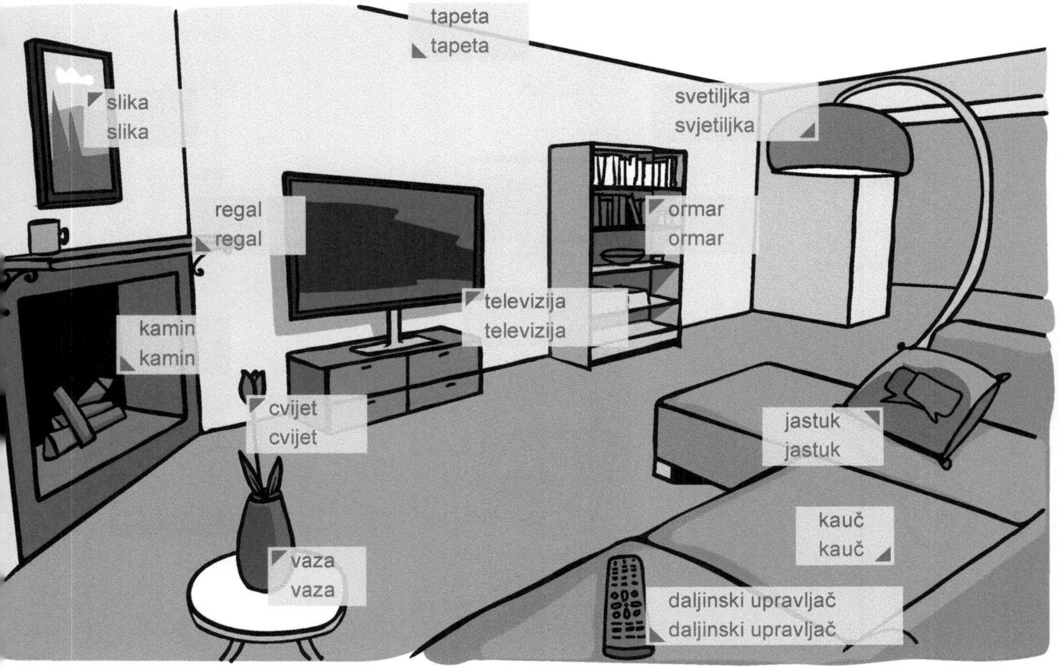

tapeta
tapeta
slika
slika
svetiljka
svjetiljka
regal
regal
ormar
ormar
televizija
televizija
kamin
kamin
cvijet
cvijet
jastuk
jastuk
kauč
kauč
vaza
vaza
daljinski upravljač
daljinski upravljač

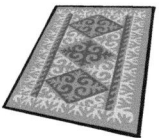

tepih

tepih

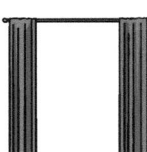

zavesa

zavjesa

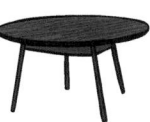

sto

stol

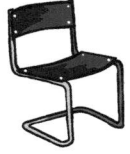

stolica

stolica

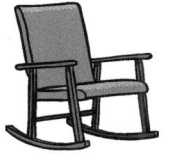

stolica za njihanje

stolica za njihanje

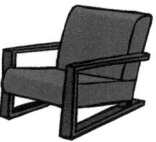

fotelja

fotelja

knjiga

knjiga

deka

deka

dekoracija

dekoracija

drvo za ogrev

drvo za ogrjev

film

film

hi-fi uređaj

stereo uređaj

ključ

ključ

novine

novine

slika na platnu

slika na platnu

poster

poster

radio

radio

blok za pisanje

blok za pisanje

usisivač

usisavač

kaktus

kaktus

sveća

svijeća

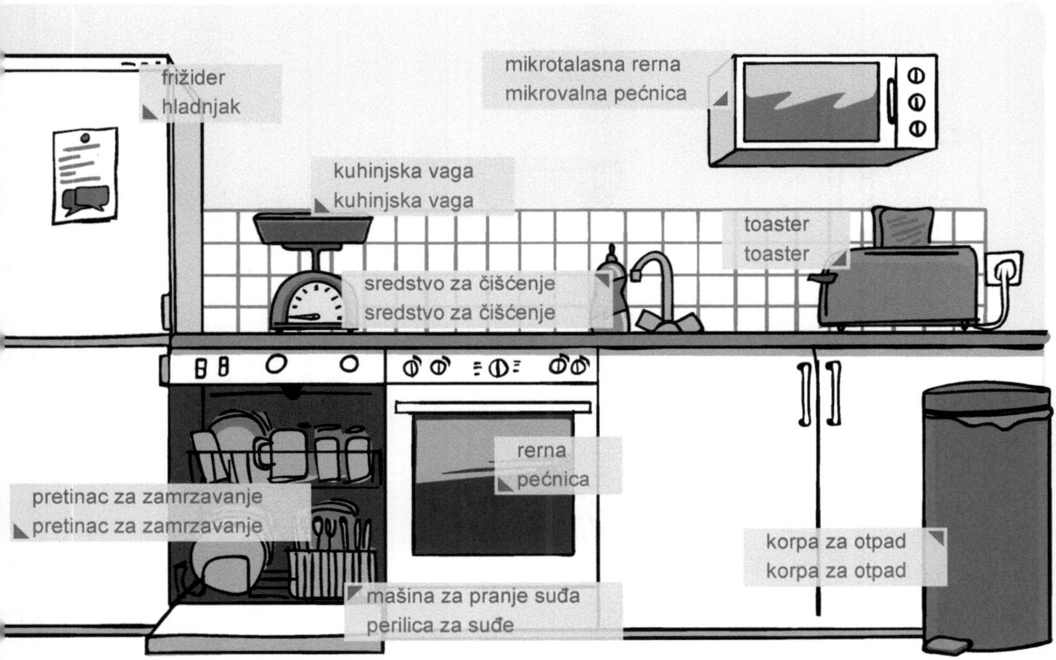

frižider
hladnjak

mikrotalasna rerna
mikrovalna pećnica

kuhinjska vaga
kuhinjska vaga

toaster
toaster

sredstvo za čišćenje
sredstvo za čišćenje

rerna
pećnica

pretinac za zamrzavanje
pretinac za zamrzavanje

korpa za otpad
korpa za otpad

mašina za pranje suđa
perilica za suđe

šporet
štednjak

lonac
lonac

gvozdeni lonac
željezni lonac

wok / kadai
wok / kadai

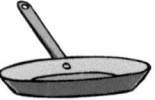

tava
tava

kuvalo za vodu
kuhalo za vodu

kuvalo na paru

kuhalo na paru

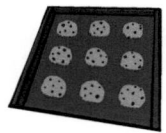

lim za pečenje

lim za pečenje

posuđe

posuđe

čaša

čaša

posuda

zdjela

štapići za jelo

štapići za jelo

kutlača

kutljača

lopatica

lopatica

penjača

pjenjača

sito za kuvanje

sito za kuhanje

sito

sito

ribež

ribež

mužar

mužar

roštilj

roštilj

ognjište

ognjište

daska
daska

oklagija
oklagija

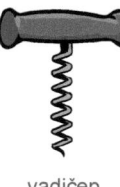

vadičep
vadičep

konzerva
konzerva

otvarač konzervi
otvarač konzervi

krpa za lonac
krpa za lonac

sudoper
sudoper

četka
četka

sunđer
spužva

mikser
mikser

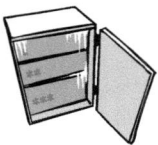

zamrzivač
zamrzivač

flašica za bebe
bočica za bebe

slavina za vodu
slavina za vodu

kuhinja - kuhinja

kupaonica
kupaonica

grejanje
grijanje
peškir
ručnik
tuš
tuš
zavesa za tuš
zavjesa za tuš
penušava kupka
pjenušava kupka
kada
kada
čaša
čaša
mašina za pranje veša
perilica za rublje
slavina za vodu
slavina za vodu
pločice
pločice
tuta
dječja kahlica
sudoper
sudoper

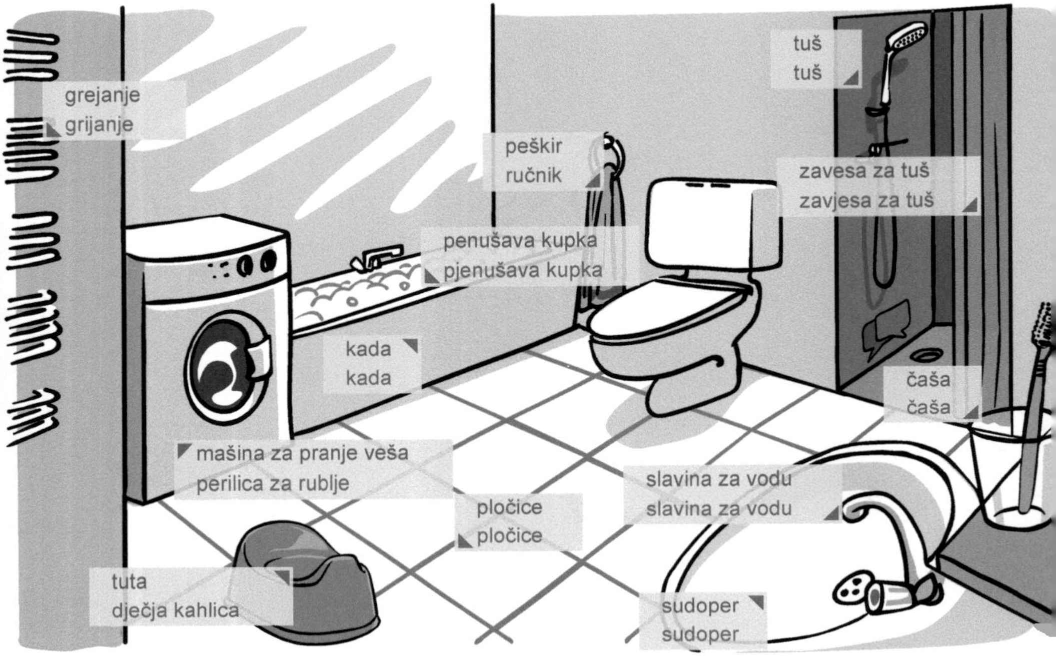

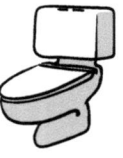

toalet
toalet

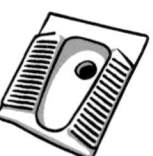

čučavac
čučavac

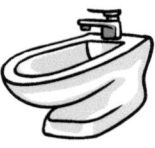

bidet
bidet

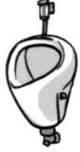

pisoar
pisoar

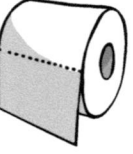

toaletni papir
papir za toalet

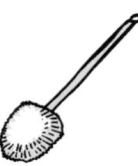

četka za toalet
četka za toalet

četkica za zube
četkica za zube

pasta za zube
pasta za zube

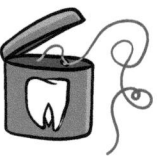

konac za zube
konac za zube

prati
prati

tuš ručica
tuš ručica

tuš za pranje intimnih delova
tuš za pranje intimnih dijelova

lavor
lavor

četka za pranje leđa
četka za pranje leđa

sapun
sapun

gel za tuširanje
gel za tuširanje

šampon
šampon

krpa za pranje
krpa za pranje

odvod
odvod

krema
krema

dezodorans
dezodorans

ogledalo

ogledalo

kozmetičko ogledalo

kozmetičko ogledalo

brijač

brijač

pena za brijanje

pjena za brijanje

losion za posle brijanja

losion za poslije brijanja

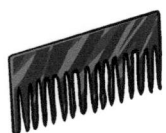

češalj

češalj

četka

četka

fen za kosu

sušilo za kosu

sprej za kosu

sprej za kosu

makeup

makeup

ruž za usne

ruž za usne

lak za nokte

lak za nokte

vata

vata

makaze za nokte

škare za nokte

parfem

parfem

kozmetička torbica
········
neseser

stolica
········
stolica

vaga
········
vaga

ogrtač
········
ogrtač

rukavice za čišćenje
········
rukavice za čišćenje

tampon
········
tampon

uložak
········
uložak

hemijski toalet
········
kemijski toalet

dečija soba

dječija soba

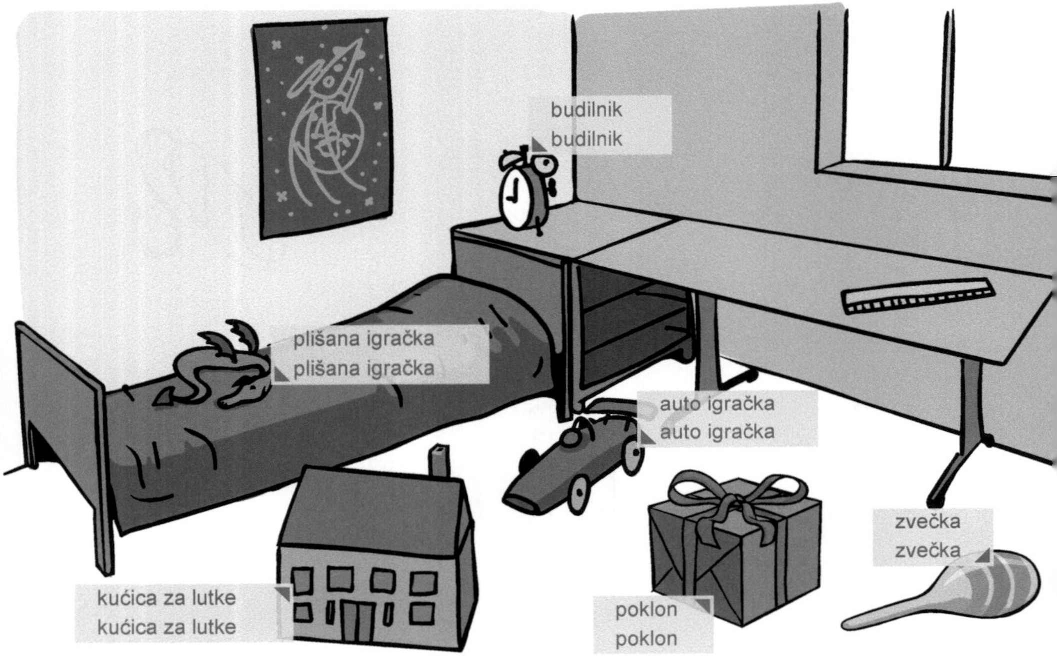
budilnik
budilnik
plišana igračka
plišana igračka
auto igračka
auto igračka
zvečka
zvečka
kućica za lutke
kućica za lutke
poklon
poklon

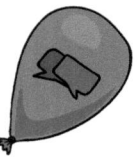

balon

balon

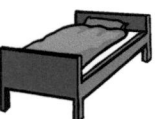

krevet

krevet

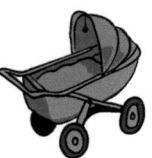

dječija kolica

dječija kolica

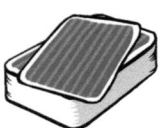

igra s kartama

igra s kartama

slagalica

slagalica

SUPER
MEGA

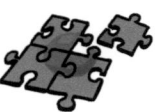

strip

strip

lego kockice

lego kockice

kockice za slaganje

kockice za slaganje

akcioni junak

akcioni junak

benkica za bebe

kombinezon za bebe

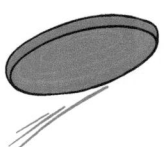

frizbi

frizbi

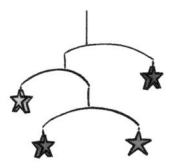

viseće igračke

viseće igračke

društvene igre

društvene igre

kocka

kocka

minijaturna željeznica

minijaturna željeznica

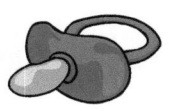

duda

duda

zabava

tulum

slikovnica

slikovnica

lopta

lopta

lutka

lutka

igrati

igrati

dečija soba - dječija soba

pješčanik
pješčanik

ljuljačka
ljuljačka

igračka
igračka

konzola za igre
konzola za igre

tricikl
tricikl

tedi
plišani medo

ormar
ormar

kratke čarape
kratke čarape

čarape
čarape

hulahopke
hulahopke

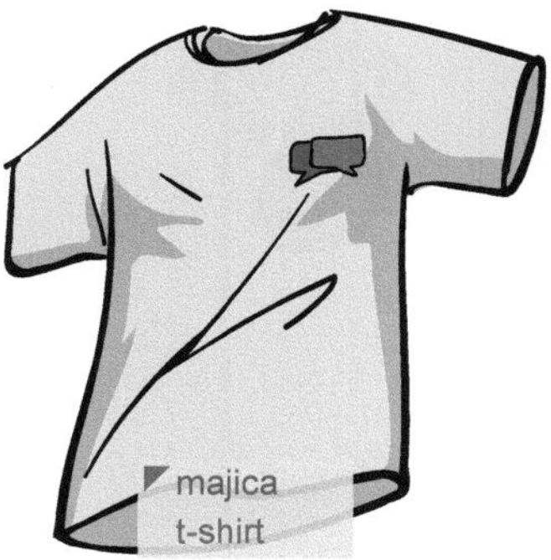

šal
šal

kaiš
kaiš

kišobran
kišobran

majica
t-shirt

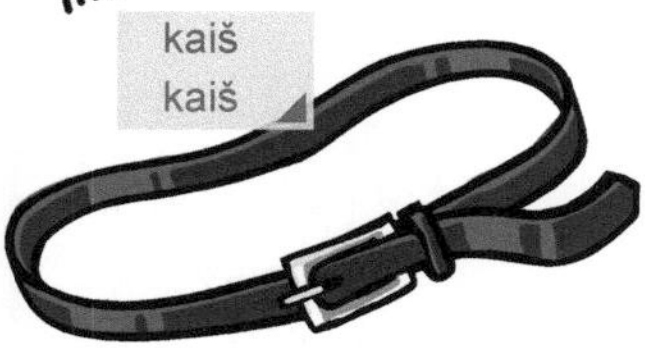

čizme
čizme

papuče
papuče

patike
patike

sandale
sandale

cipele
cipele

gumene čizme
gumene čizme

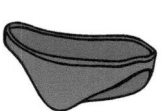

gaćice
gaćice

grudnjak
grudnjak

potkošulja
potkošulja

odeća - odjeća

bodi
bodi

pantalone
hlače

farmerke
džins

suknja
haljina

bluza
bluza

košulja
košulja

džemper
džemper

džemper s kapuljačom
pulover s kapuljačom

sako
blejzer

jakna
jakna

kaput
kaput

kabanica
kabanica

kostim
kostim

haljina
haljina

venčanica
vjenčanica

odelo
odijelo

spavaćica
spavaćica

pidžama
pidžama

sari
sari

marama za glavu
rubac

turban
turban

burka
burka

kaftan
kaftan

abaja
abaja

kupaći kostim
kupaći kostim

kupaće gaćice
kupaće gaćice

kratke pantalone
kratke hlače

odeća za trening
odjeća za trening

kecelja
pregača

rukavice
rukavice

dugme
gumb

naočare
naočale

narukvica
narukvica

ogrlica
ogrlica

prsten
prsten

naušnica
naušnica

kapa
kapa

vešalica
vješalica

šešir
šešir

kravata
kravata

patent zatvarač
patent zatvarač

kaciga
kaciga

naramenice
naramenice

školska uniforma
školska uniforma

uniforma
uniforma

odeća - odjeća

podbradak

podbradak

duda

duda

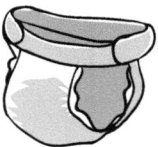

pelena

pelena

kancelarija
ured

server
server

ormar za spise
ormar za spise

štampač
pisač

papir
papir

monitor
monitor

pisaći stol
pisaći stol

miš
miš

mapa
mapa

tastatura
tipkovnica

košara za papir
košara za papir

kompjuter
računar

stolica
stolica

šalica za kavu

šalica za kavu

kalkulator

kalkulator

internet

internet

	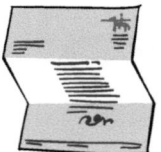	
laptop	pismo	poruka
laptop	pismo	poruka

mobilni telefon	mreža	uređaj za kopiranje
mobilni telefon	mreža	uređaj za kopiranje

softver	telefon	utičnica
softver	telefon	utičnica
	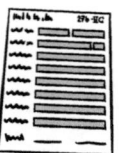	
faks	formular	dokument
faks	obrazac	dokument

kupovati

kupovati

platiti

platiti

trgovati

trgovati

novac

novac

dolar

dolar

evro

euro

jen

jen

rublja

rubalj

švajcarski franak

švicarski franak

renmindbi juan

renmindbi yuan

rupija

rupija

automat za novac

automat za novac

menjačnica
mjenjačnica

zlato
zlato

srebro
srebro

nafta
nafta

energija
energija

cena
cijena

ugovor
ugovor

porez
porez

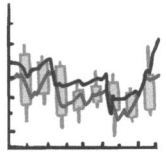

deonica
dionica

raditi
raditi

službenik
službenik

poslodavac
poslodavac

fabrika
tvornica

prodavnica
prodavaonica

ekonomija - gospodarstvo

zanimanja
zanimanja

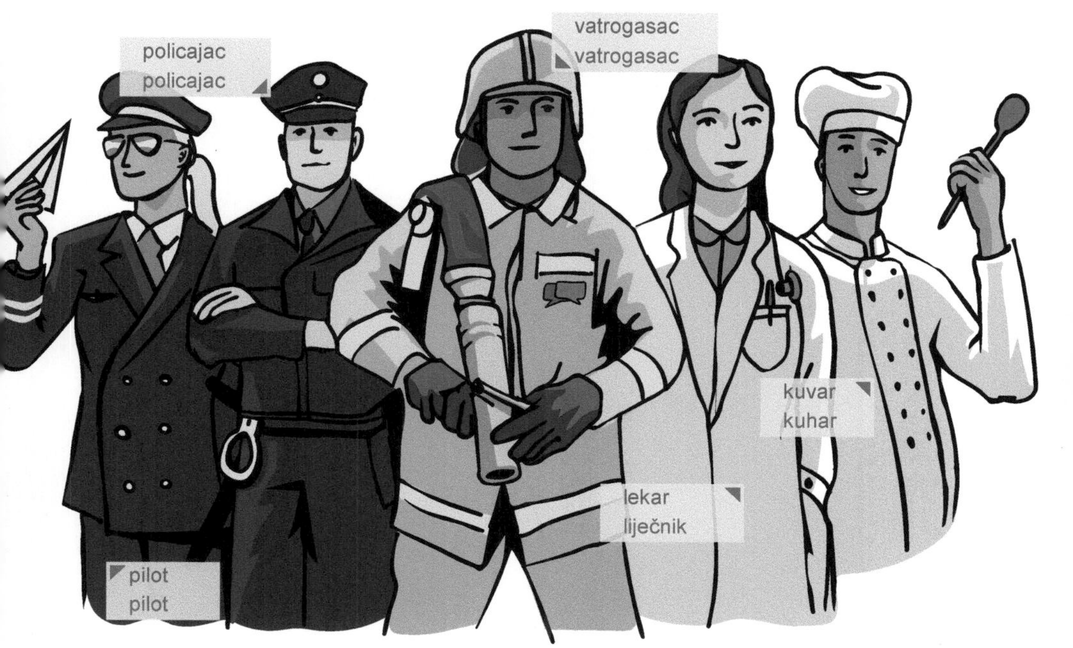
policajac
policajac
vatrogasac
vatrogasac
kuvar
kuhar
lekar
liječnik
pilot
pilot

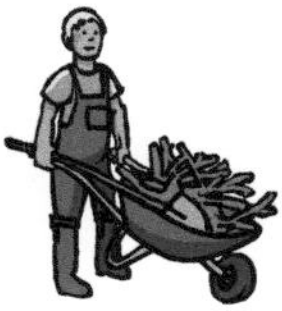

vrtlar

vrtlar

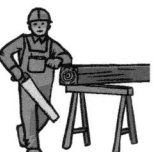

stolar

stolar

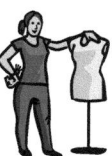

krojačica

krojačica

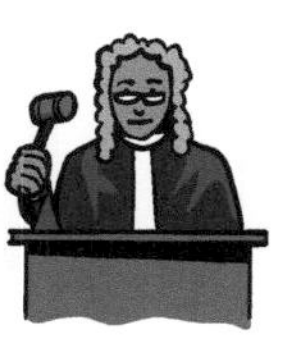

sudija

sudija

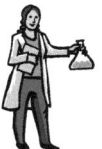

hemičar

kemičar

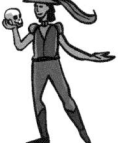

glumac

glumac

vozač autobusa

vozač autobusa

vozač taksija

vozač taksija

ribar

ribar

čistačica

čistačica

krovopokrivač

krovopokrivač

konobar

konobar

lovac

lovac

slikar

slikar

pekar

pekar

električar

električar

građevinski radnik

građevinski radnik

inženjer

inženjer

mesar

mesar

limar

limar

poštar

poštar

vojnik

vojnik

arhitekta

arhitekta

blagajnik

blagajnik

cvećar

cvjećar

frizer

frizer

kondukter

kondukter

mehaničar

mehaničar

kapetan

kapetan

zubar

zubar

naučnik

znanstvenik

rabi

rabi

imam

imam

monah

monah

svećenik

svećenik

alati
alati

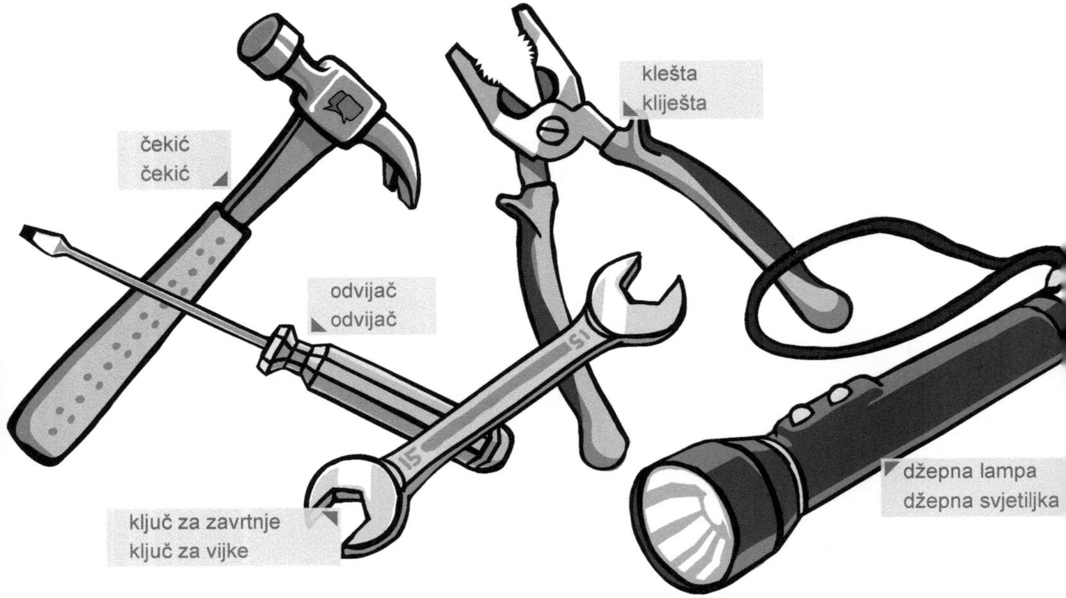

čekić
čekić
klešta
kliješta
odvijač
odvijač
ključ za zavrtnje
ključ za vijke
džepna lampa
džepna svjetiljka

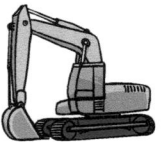

bager

rovokopač

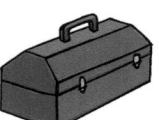

kutija za alat

kutija za alat

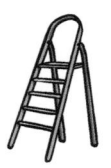

merdevine

ljestve

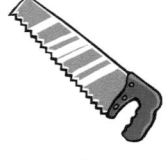

pila

pila

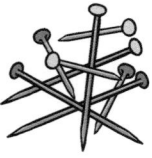

ekser

ekser

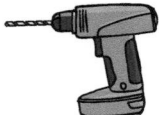

bušilica

bušilica

popraviti

popraviti

lopata

lopata

do đavola!

Sranje!

lopatica

lopatica

lonac za boju

lonac za boju

zavrtanji

vijci

muzički instrument
glazbeni instrument

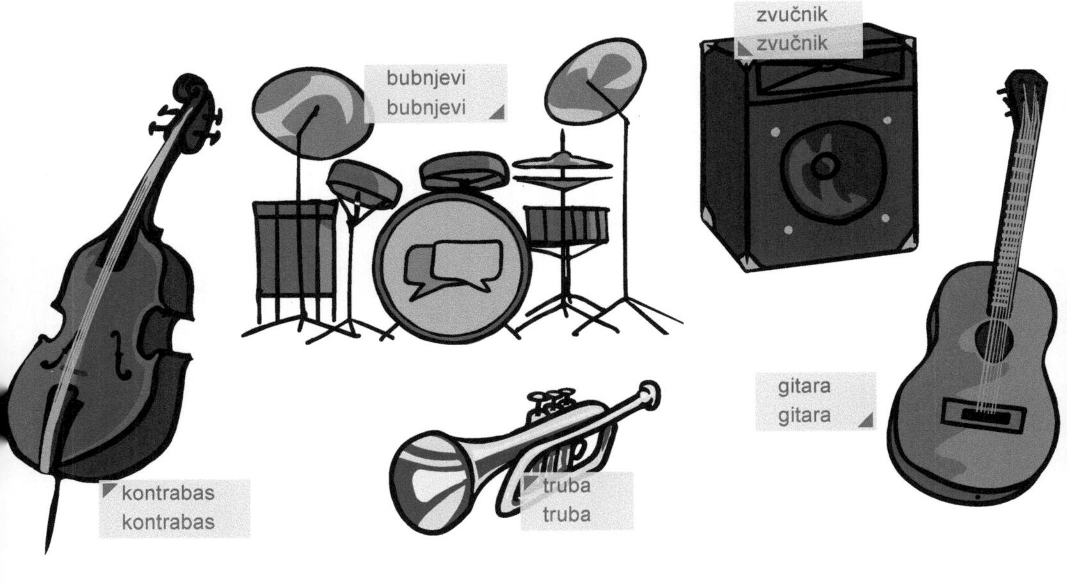

bubnjevi
bubnjevi

zvučnik
zvučnik

gitara
gitara

kontrabas
kontrabas

truba
truba

klavir

klavir

violina

violina

bas

bas

timpani

timpani

udaraljke za bubnjeve

udaraljke za bubnjeve

tipke klavira

keyboard

saksofon

saksofon

flauta

flauta

mikrofon

mikrofon

muzički instrument - glazbeni instrument

zoološki vrt
zoološki vrt

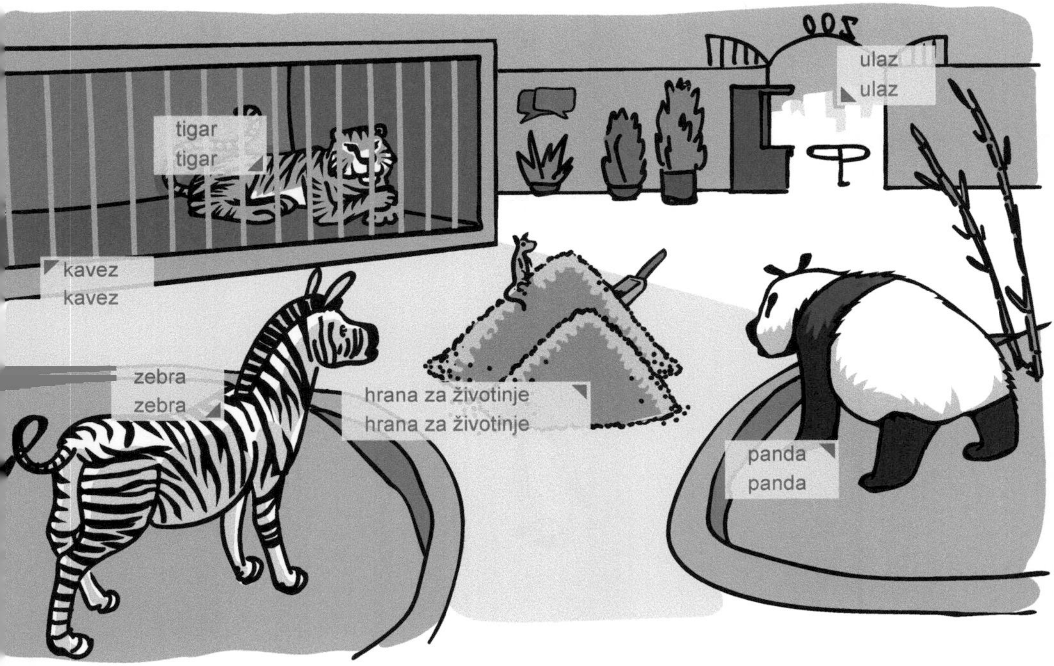
ulaz
ulaz
tigar
tigar
kavez
kavez
zebra
zebra
hrana za životinje
hrana za životinje
panda
panda

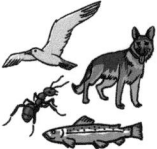

životinje
životinje

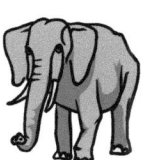

slon
slon

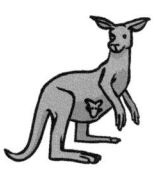

kengur
kengur

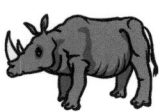

nosorog
nosorog

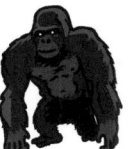

gorila
gorila

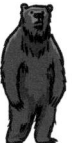

medved
medvjed

kamila

kamila

noj

noj

lav

lav

majmun

majmun

flamingo

flamingo

papagaj

papagaj

polarni medved

polarni medvjed

pingvin

pingvin

ajkula

ajkula

paun

paun

zmija

zmija

krokodil

krokodil

čuvar u zoološkom vrtu

čuvar u zoološkom vrtu

tuljan

tuljan

jaguar

jaguar

poni

poni

leopard

leopard

nilski konj

nilski konj

žirafa

žirafa

orao

orao

divlja svinja

divlja svinja

riba

riba

kornjača

kornjača

morž

morž

lisica

lisica

gazela

gazela

američki nogomet
američki nogomet

biciklizam
biciklizam

tenis
tenis

košarka
košarka

plivanje
plivanje

boks
boks

hokej na ledu
hockey na ledu

fudbal	badminton	atletika
nogomet	badminton	atletika
rukomet	skijanje	polo
rukomet	skijanje	polo

smejati se
smijati se

skočiti
skočiti

zagrliti
zagrliti

ići
ići

pevati
pjevati

sanjati
sanjati

moliti se
moliti se

poljubiti
poljubiti

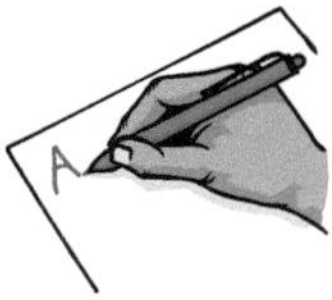

pisati
pisati

crtati
crtati

pokazati
pokazati

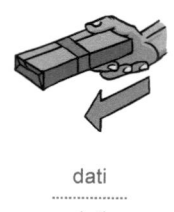

gurati
gurati

dati
dati

uzeti
uzeti

imati
imati

činiti
činiti

biti
biti

stojati
stojati

trčati
trčati

povlačiti
povlačiti

baciti
baciti

padati
padati

ležati
ležati

čekati
čekati

nositi
nositi

sediti
sjediti

oblačiti
oblačiti

spavati
spavati

probuditi se
probuditi se

gledati
gledati

plakati
plakati

milovati
milovati

češljati
češljati

govoriti
govoriti

razumeti
razumjeti

pitati
pitati

slušati
slušati

piti
piti

jesti
jesti

pospremiti
pospremiti

voleti
voljeti

kuhati
kuhati

voziti
voziti

leteti
letjeti

ploviti
ploviti

računati
računati

čitati
čitati

učiti
učiti

raditi
raditi

venčati se
vjenčati se

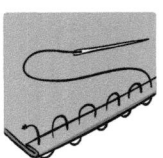

šiti
šiti

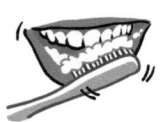

prati zube
prati zube

ubiti
ubiti

pušiti
pušiti

poslati
poslati

aktivnosti - aktivnosti

baka
baka

deda
djed

otac
otac

majka
majka

beba
beba

kćerka
kćerka

sin
sin

gost

gost

tetka

tetka

ujak, stric

ujak, stric

brat

brat

sestra

sestra

telo
tijelo

čelo
čelo
oko
oko
rame
rame
prst
prst
lice
lice
brada
brada
ruka
ruka
noga
noga
grudi
grudi
ruka
ruka

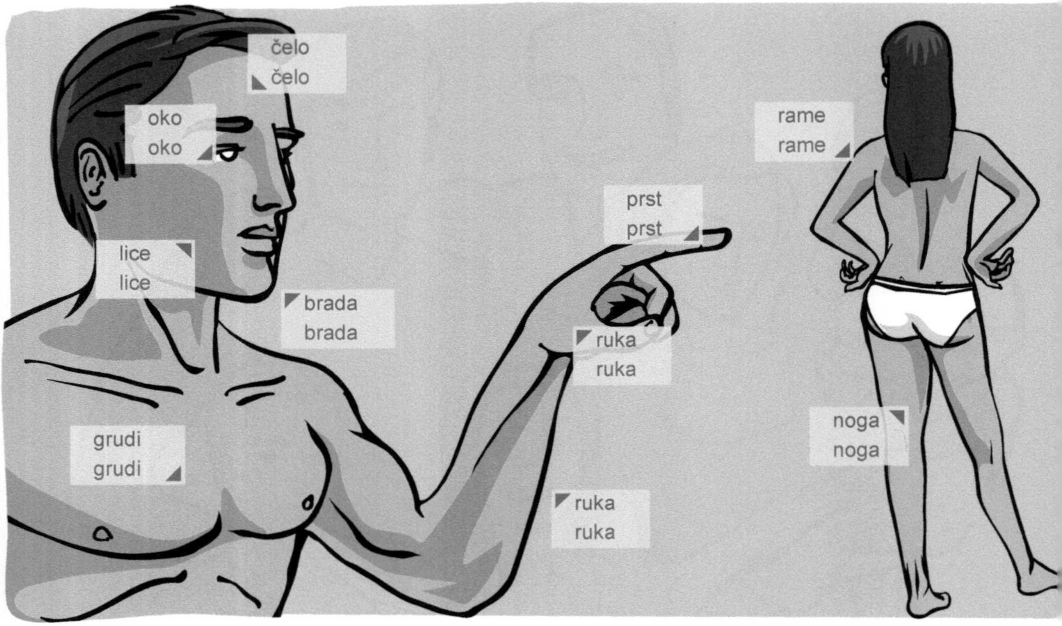

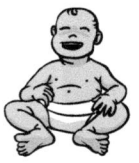

beba

beba

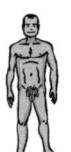

muškarac

muškarac

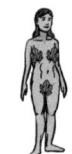

žena

žena

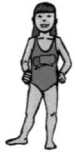

devojčica

djevojčica

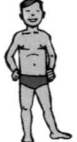

dečak

dječak

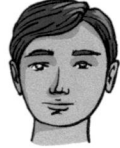

glava

glava

leđa
leđa

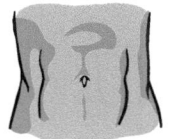

stomak
trbuh

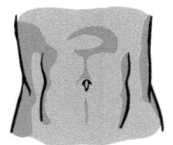

pupak
pupak

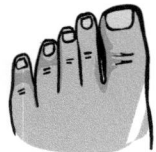

nožni prst
nožni prst

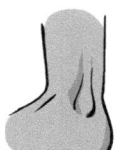

peta
peta

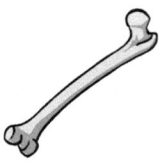

kost
kost

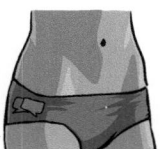

kukovi
kuk

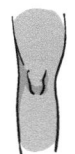

koleno
koljeno

lakat
lakat

nos
nos

zadnjica
stražnjica

koža
koža

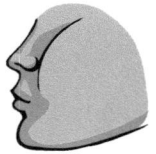

obraz
obraz

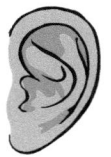

uvo
uho

usna
usna

usta

usta

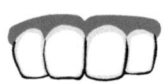

zub

zub

jezik

jezik

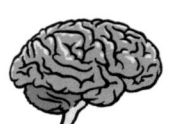

mozak

mozak

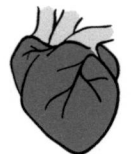

srce

srce

mišić

mišić

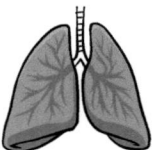

pluća

pluća

jetra

jetra

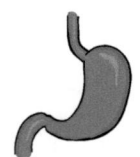

želudac

želudac

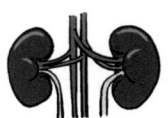

bubrezi

bubrezi

polni odnos

snošaj

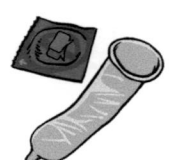

kondom

kondom

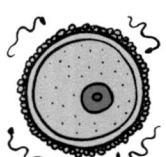

jajna ćelija

jajna stanica

sperma

sperma

trudnoća

trudnoća

telo - tijelo

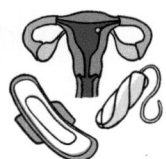

menstruacija

menstruacija

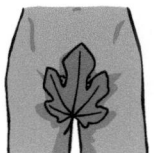

vagina

vagina

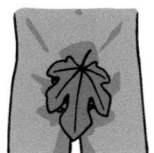

penis

penis

obrva

obrva

kosa

kosa

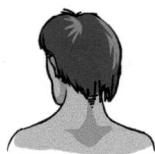

vrat

vrat

bolnica
bolnica

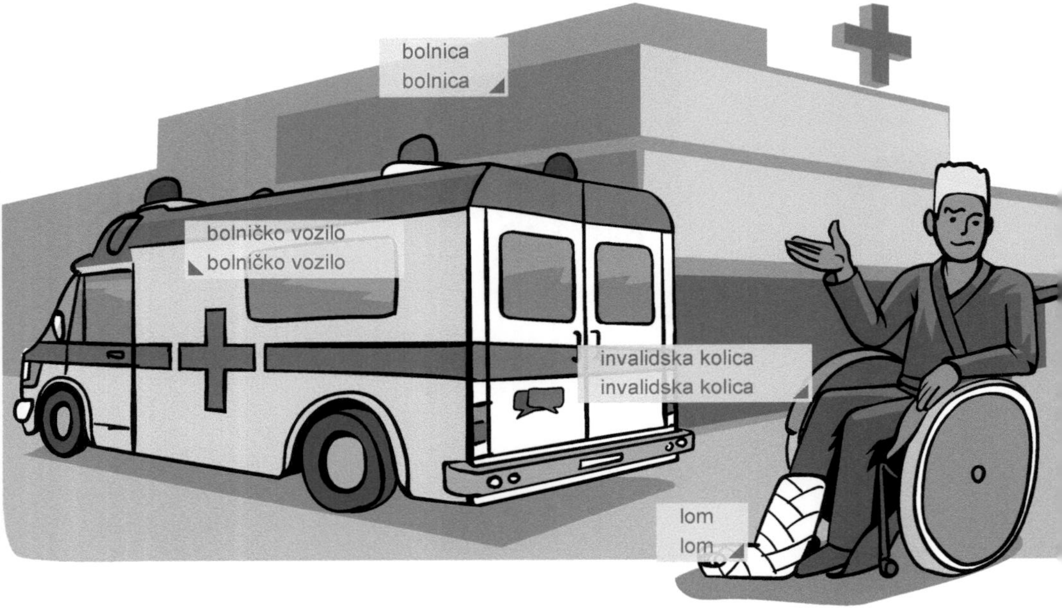

bolnica
bolnica
bolničko vozilo
bolničko vozilo
invalidska kolica
invalidska kolica
lom
lom

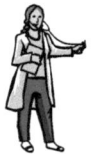

lekar

liječnik

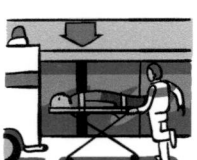

hitna medicinska služba

hitna medicinska služba

medicinska sestra

medicinska sestra

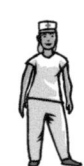

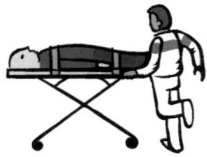

hitni slučaj

hitni slučaj

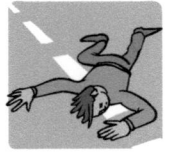

nesvest

nesvijest

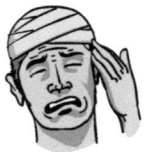

bol

bol

povreda
ozljeda

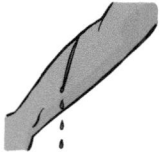

krvarenje
krvarenje

srčani udar
srćani infarkt

udar
moždani udar

alergija
alergija

kašalj
kašalj

groznica
groznica

gripa
gripa

proliv
proljev

glavobolja
glavobolja

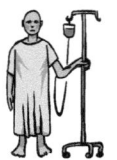

rak
rak

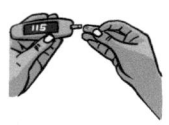

dijabetes
dijabetes

hirurg
kirurg

skalpel
skalpel

operacija
operacija

ct
ct

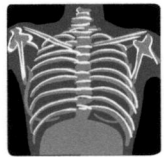

rentgen
rentgen

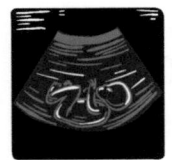

ultrazvuk
ultrazvuk

maska
maska

bolest
bolest

čekaona
čekaonica

štaka
štaka

flaster
flaster

zavoj
zavoj

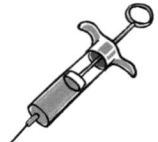

injekcija
injekcija

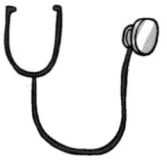

stetoskop
stetoskop

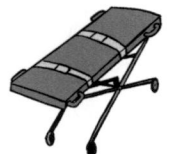

nosila
nosilo

termometar
termometar

rođenje
rođenje

prekomerna težina
prekomjerna težina

slušni aparat
slušni aparat

sredstvo za dezinfekciju
sredstvo za dezinfekciju

infekcija
infekcija

virus
virus

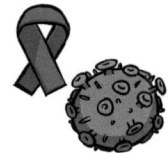

HIV / AIDS
hiv / sida

medicina
medicina

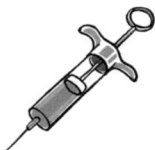

vakcinacija
vakcinacija

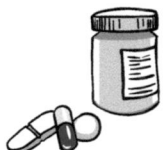

tablete
tablete

pilula
pilula

hitni poziv
poziv u pomoć

uređaj za merenje pritiska
uređaj za mjerenje tlaka

bolesno / zdravo
bolesno / zdravo

pomoć!
pomoć!

alarm
alarm

nasrtaj
nasrtaj

napad
napad

opasnost
opasnost

izlaz u slučaju nužde
izlaz za nuždu

požar!
požar!

protivpožarni aparat
vatrogasni aparat

nezgoda
nezgoda

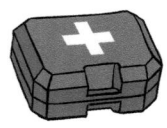

kutija prve pomoći
kofer prve pomoći

sos
sos

policija
policija

Evropa

Europa

Severna Amerika

sjeverna amerika

Južna Amerika

južna amerika

Afrika

Afrika

Azija

Azija

Australija

Australija

Atlantik

Atlantik

Pacifik

Pacifik

Indijski okean

ocean

Antarktički okean

antarktički ocean

Arktički ocean

arktički ocean

Severni pol

sjeverni pol

Južni pol
....
južni pol

Antarktik
....
Antarktik

zemlja
....
zemlja

zemlja
....
zemlja

more
....
more

otok
....
otok

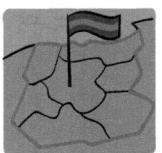

nacija
....
nacija

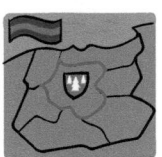

država
....
država

brojčanik sata

brojčanik sata

satna kazaljka

satna kazaljka

minutna kazaljka

minutna kazaljka

sekundna kazaljka

sekundna kazaljka

Koliko je sati?

Koliko je sati?

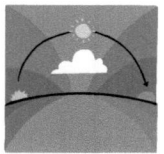

dan

dan

vreme

vrijeme

sada

sada

digitalni sat

digitalni sat

minuta

minuta

čas

sat

ponedeljak
ponedjeljak

MO

TU

utorak
utorak

W sreda
srijeda

TH

četvrtak
četvrtak

FR petak
petak

SA subota
subota

SO nedelja
nedjelja

juče
jučer

danas
danas

sutra
sutra

jutro
jutro

podne
podne

veče
večer

MO	TU	WE	TH	FR	SA	SU
1	2	3	4	5	6	7
8	9	10	11	12	13	14
15	16	17	18	19	20	21
22	23	24	25	26	27	28
29	30	31	1	2	3	4

radni dani
radni dani

MO	TU	WE	TH	FR	SA	SU
1	2	3	4	5	6	7
8	9	10	11	12	13	14
15	16	17	18	19	20	21
22	23	24	25	26	27	28
29	30	31	1	2	3	4

vikend
vikend

godina
godina

kiša
kiša
duga
duga
sneg
snijeg
vetar
vjetar
proleće
proljeće
jesen
jesen
leto
ljeto
zima
zima

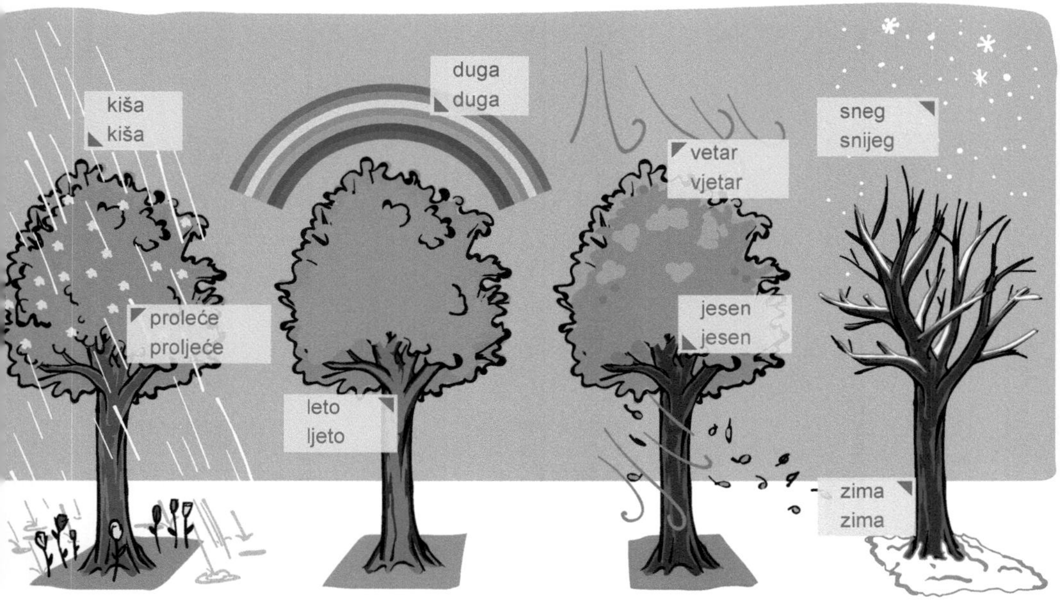

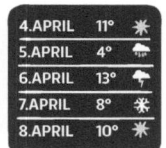

4.APRIL 11°
5.APRIL 4°
6.APRIL 13°
7.APRIL 8°
8.APRIL 10°

meteorološka prognoza

meteorološka prognoza

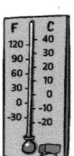

termometar

termometar

sunčana svetlost

sunčana svjetlost

oblak

oblak

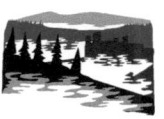

magla

magla

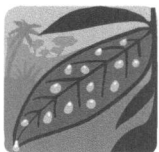

vlažnost vazduha

vlažnost zraka

munja

munja

grmljavina

grmljavina

oluja

oluja

tuča

tuča

monsun

monsun

poplava

poplava

led

led

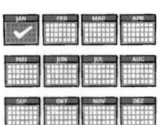

januar

siječanj

februar

veljača

mart

ožujak

april

travanj

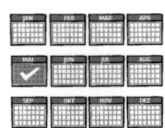

maj

svibanj

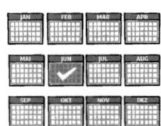

juni

lipanj

juli

srpanj

avgust

kolovoz

septembar
....
rujan

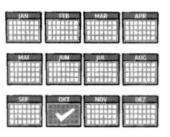

oktobar
....
listopad

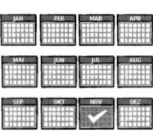

novembar
....
studeni

decembar
....
prosinac

oblici

oblici

krug
....
krug

kvadrat
....
kvadrat

pravougao
....
pravokutnik

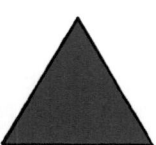

trougao
....
trokut

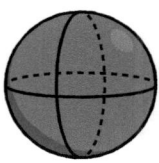

kugla
....
kugla

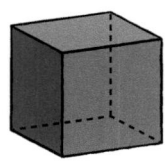

kocka
....
kocka

bela
....
bijela

žuta
....
žuta

narandžasta
....
narančasta

ružičasta
....
ružičasta

crvena
....
crvena

ljubičasta
....
ljubičasta

plava
....
plava

zelena
....
zelena

smeđa
....
smeđa

siva
....
siva

crna
....
crna

mnogo / malo

mnogo / malo

ljutito / mirno

ljutito / mirno

lepo / ružno

lijepo / ružno

početak / kraj

početak / kraj

veliko / maleno

veliko / maleno

svetlo / tamno

svijetlo / tamno

brat / sestra

brat / sestra

čisto / prljavo

čisto / prljavo

potpuno / nepotpuno

potpuno / nepotpuno

dan / noć

dan / noć

mrtvo / živo

mrtvo / živo

široko / usko

široko / usko

jestivo / nejestivo

jestivo / nejestivo

zlo / dobro

zlo / dobro

uzbuđeno / dosadno

uzbuđeno / dosadno

debelo / mršavo

debelo / mršavo

na početku / na kraju

na početku / na kraju

prijatelj / neprijatelj

prijatelj / neprijatelj

puno / prazno

puno / prazno

tvrdo / mekano

tvrdo / mekano

teško / lagano

teško / lagano

glad / žeđ

glad / žeđ

bolesno / zdravo

bolesno / zdravo

ilegalno / legalno

ilegalno / legalno

pametno / glupo

pametno / glupo

levo / desno

lijevo / desno

blizu / daleko

blizu / daleko

novo / polovno

novo / rabljeno

ništa / nešto

ništa / nešto

staro / mlado

staro / mlado

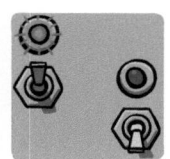

uključeno / isključeno

uključeno / isključeno

otvoreno / zatvoreno

otvoreno / zatvoreno

tiho / glasno

tiho / glasno

bogato / siromašno

bogato / siromašno

tačno / pogrešno

točno / pogrešno

hrapavo / glatko

hrapavo / glatko

tužno / sretno

tužno / sretno

kratko / dugo

kratko / dugo

polako / brzo

polako / brzo

mokro / suho

mokro / suho

toplo / hladno

toplo / hladno

rat / mir

rat / mir

0

nula

nula

1

jedan

jedan

2

dva

dva

3

tri

tri

4

četiri

četiri

5

pet

pet

6

šest

šest

7

sedam

sedam

8

osam

osam

9

devet

devet

10

deset

deset

11

jedanaest

jedanaest

12
dvanaest

dvanaest

13
trinaest

trinaest

14
četrnaest

četrnaest

15
petnaest

petnaest

16
šestnaest

šestnaest

17
sedamnaest

sedamnaest

18
osamnaest

osamnaest

19
devetnaest

devetnaest

20
dvadeset

dvadeset

100
stotinu

stotinu

1.000
hiljadu

tisuću

1.000.000
milion

milijun

engleski

engleski

američki engleski

američko engleski

mandarinski kineski

kinesko mandarinski

hindski

hindi

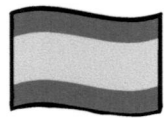

španski

španjolski

francuski

francuski

arapski

arapski

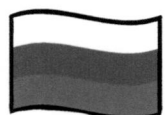

ruski

ruski

portugalski

portugalski

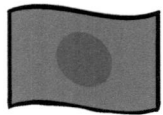

bengalski

bengalski

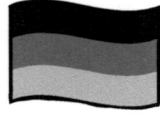

nemački

njemački

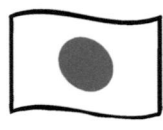

japanski

japanski

ja

ja

ti

ti

on / ona / ono

on / ona / ono

mi

mi

vi

vi

oni

oni

Ko?

tko?

Šta?

što?

Kako?

kako?

Gde?

gdje?

Kada?

kada?

ime

ime

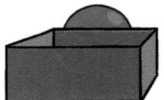

iza
....
iza

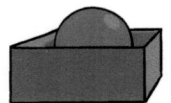

u
....
u

ispred
....
ispred

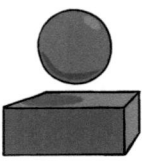

preko
....
preko

na
....
na

ispod
....
ispod

pored
....
pored

između
....
između

mesto
....
mjesto